# Excurs
# Everglades

**Caitlin Flores**

Orlando  Boston  Dallas  Chicago  San Diego

Visita *The Learning Site*
www.harcourtschool.com

Soy Caitlin Flores. Hice un viaje con mi familia al Parque Nacional de los Everglades en Florida. Everglades es una zona pantanosa llana y baja. A veces se le llama "mar de hierba". El parque está repleto de plantas y animales. Cada tipo de planta o animal tiene su propio hábitat. Aquí escribo sobre lo que hice en el viaje.

## El estuario

Primero caminamos a la costa de la Bahía de Florida cerca del centro de visitantes Flamingo. Allí, el agua dulce de los ríos fluye al mar. El agua salada de la bahía penetra tierra adentro en los ríos, cuando hay marea alta. Esta mezcla de agua salada y agua dulce es el hábitat del estuario.

**Tracé este mapa para mostrar la ruta que tomamos en el parque**

Las tortugas verdes pueden llegar a tener un caparazón de más de tres pies (un metro) de largo y pueden pesar más de 400 libras (180kg). Están en peligro de extinción. A estos animales los han cazado durante siglos por su carne y por sus huevos. Las personas han ocupado muchas playas en las que anidan.

Esta tortuga marina verde es probablemente hembra

**Compré esta postal para tener una foto de los manatíes**

El próximo lugar que visitamos fue un canal cerca del centro de visitantes, con la esperanza de ver manatíes. ¡Tuvimos mucha suerte! Había un grupo completo. Se estaban alimentando de plantas marinas del fondo del canal. Sólo podíamos ver parte de los manatíes, así que no pude tomar una buena fotografía.

Los manatíes tienen el cuerpo macizo y gris, y una cola aplastada. Tienen la cabeza pequeña y pelo espinoso bajo los labios superiores. También tienen un hocico y los agujeros de la nariz salen fuera del agua cuando respiran. Son muy gentiles y a menudo se quedan tumbados justo debajo de la superficie del agua. Por eso, muchas veces los barcos chocan contra los manatíes y éstos quedan heridos o muertos.

De Flamingo, fuimos hacia el Norte y vimos un ave enorme. Era gris azulada con la cara blanca, el pico amarillo, y un largo cuello que se doblaba. Este gigante estaba parado en el agua, con sus largas patas en las aguas del estuario, cerca de unos árboles extraños.

Esta ave era una garza ceniza, que cazaba peces y camarones. Los árboles eran manglares. Parecían que tenían patas que les crecían del tronco. En realidad son ramas descendentes que crecen hacia el suelo, dentro del agua. ¡Vi una rama que era casi tan alta como yo!

Ésta es la garza ceniza que vimos cerca a los manglares

**Tomé esta foto de un caracol arbóreo**

## Los bosques de madera dura

Volvimos al coche y seguimos hacia el Norte a Mahogany Hammocks. Un hammock, o hamaca, es un lugar donde la superficie de tierra es un poco más alta y no queda cubierta de agua, así que los árboles de madera dura pueden crecer allí. Vi caobas, robles y arces. Este lugar es el único del parque donde hay caracoles arbóreos, y tomé esta fotografía de uno de ellos.

Los caracoles arbóreos tienen la concha de dos a tres pulgadas y son de muchos colores. Necesitan los árboles de madera dura para encontrar alimento. Trepan lentamente por la corteza y comen hongos, algas y líquenes.

Mientras explorábamos este lugar, mi mamá vio una hermosa serpiente anaranjada con la parte inferior amarillo pálido. Era una serpiente ratonera. Estas serpientes comen roedores, lagartijas y ranas. También se trepan a los árboles y comen aves y sus huevos. Las serpientes ratoneras son más activas de noche. Durante el día, generalmente se esconden bajo las rocas y dentro de los huecos de los árboles. Pueden llegar a medir seis pies (183 cm) de largo.

Otra criatura muy hermosa que vive en este lugar es la mariposa cebra, que tiene rayas amarillas y negras. Vive del néctar de las flores pasionarias. El néctar es un jugo que se encuentra en el cáliz de las flores.

Mi papá tomó esta foto de la serpiente ratonera justo antes de que se escondiera en los matorrales.

## El ciprés de pantano

Después de irnos de Mahogany Hammocks, la carretera pasaba por un área de árboles cipreses. Paramos y salimos del coche para ver los árboles de cerca y tomar fotografías. Los cipreses crecen en zonas bajas de agua dulce. Un ciprés puede llegar a medir 170 pies (52 m) de alto. La base de los troncos puede tener una circunferencia de hasta seis pies (1.8 m). Sus raíces sobresalen del agua y se doblan como si fueran rodillas. Las águilas de cabeza blanca y otras aves anidan en los cipreses. Entre sus raíces viven peces pequeños.

En la década de los años cuarenta, los cipreses se talaban y se vendían para usar la madera. Hoy en día, los árboles del Parque Nacional de los Everglades están protegidos.

Mientras mamá y papá seguían mirando los cipreses, yo caminé por la carretera que va a lo largo del pantano. Me di cuenta de que había dos pequeños bultitos que sobresalían de la superficie del agua. ¡Eran ojos de caimán! Me fijé y vi el borde de la espalda y la cola. Había leído que los caimanes se pueden mover con rapidez, y que en la tierra pueden llegar a alcanzar las ¡30 millas por hora! Los caimanes encuentran el alimento que necesitan en las aguas del pantano. Comen insectos, cangrejos, peces, ranas, aves, mapaches, ciervos y otros caimanes. Cuando un caimán atrapa a un animal grande, lo arrastra al agua y lo ahoga. Con la esperanza de que este caimán no tuviera hambre, tomé la cámara.

Tomé esta foto de la juncia desde la torre de observación.

## El pantano de juncia

El siguiente lugar en el que paramos era Overlook Pa-Hay-Okee, donde fuimos a la torre de observación por un camino de madera. Desde arriba, podíamos ver millas y millas de juncia, un tipo de hierba. El nombre de Pa-hay-Okee viene de una palabra india que significa "aguas cubiertas de hierbas".

La juncia es como el heno, pero la brizna tiene la forma de una "v" pequeñita con dientes a un lado. Leí un cartel del parque y aprendí que en este parque hay mucha juncia. Seguramente es de eso de donde vino el nombre de "mar de hierba".

**Este quebrantahuesos acaba de atrapar un pez**

En los pantanos se crían peces y otros animales marinos que comen los caimanes y las aves. Las garzas, las cigüeñas y los ibises se posan y anidan en islas de árboles. El agua del pantano los protege de sus enemigos, como los mapaches. Otros animales que viven en estos pantanos son el aguililla de pecho rojo, el zonchiche, el águila de cabeza blanca y el gavilán caracolero.

El quebrantahuesos mide unas 24 pulgadas (60 cm) de ancho y tiene plumas marrón oscuro en la espalda y plumas blancas con rayas marrones en el pecho. Tiene la cabeza blanca con motas oscuras. El quebrantahuesos come sólo pescado y también se le llama el "halcón del pescado". Vive en nidos grandes que parecen cestas hechas de palos.

## Áreas de pinos

Volvimos a nuestro coche y pusimos un rollo nuevo en la cámara. Luego fuimos en coche al campamento Long Pine Key y allí comimos el almuerzo que mamá había preparado. Mientras comíamos, pasó volando un ave de cuerpo negro y una cresta rojo chillón en la cabeza. Consultamos un libro de aves y averiguamos que era una clase de pájaro carpintero. Según el libro, estas aves anidan en la parte hueca de los árboles que se descomponen. Usan su fuerte pico para hacer agujeros y sacar de la corteza insectos como escarabajos, larvas y hormigas.

Después de comer, seguimos un camino por el bosque de pinos y tomé esta fotografía. Vimos muchos pinos de pantano, que crecían en la parte de arriba de un grupo de colinas rocosas. Sus raíces crecían en las grietas donde había tierra. Uno de los árboles estaba tan torcido que parecía que se iba a caer. Los bosques de pino son el hábitat de más de 200 plantas tropicales. Una de ellas es la serenoa repens, un tipo de hierba que crece en el suelo de los bosques de pino. Puedes verla en la fotografía de esta página. Los bosques de pino también son el hábitat de muchas clases de aves, serpientes y búhos.

El primer pájaro que vimos en el Anhinga fue un calamón común

## La ciénaga de agua dulce

El último hábitat que visitamos fue la ciénaga de agua dulce. La ciénaga está en el centro, en la parte más honda de un río ancho y pantanoso. El agua fluye más rápido por allí que por el resto del río. Esta zona es importante porque lleva el agua a otros hábitats de los Everglades.

Caminamos a lo largo de la ciénaga por el camino Anhinga. La Anhinga es un ave que vive allí. La primera ave que vi tenía la cabeza y el cuello morado azulado, la espalda y las alas verdes y unas patas largas y amarillas. Resultó ser un calamón común. Estas aves se alimentan de las ranas, las libélulas, las arañas y las plantas del pantano.

Mi papá vio una tortuga poco común y nos llamó a mi madre y a mí para que fuéramos a verla. Resultó ser una tortuga de caparazón blando. Tomé una fotografía de esta tortuga y la pegué en esta página.

Esta tortuga de aspecto tan extraño recibió su nombre de la piel estilo cuero que cubre la parte de arriba de su caparazón. La piel le ayuda a la tortuga a sobrevivir. Cuando nada bajo agua, la tortuga respira el oxígeno por el caparazón.

Las tortugas de caparazón blando tienen un pico afilado y una nariz que parece un esnórquel. Se alimentan de peces, ranas, cangrejos de río y a veces de aves marinas jóvenes.

Ésta es la tortuga de caparazón blando que encontró mi papá

¡Ésta es la rana que gruñe!

Mientras mirábamos la tortuga, oí un gruñido. ¡Y vi que venía de una rana! Más tarde, aprendí que esta rana se llama rana grylio. Tomé una fotografía para esta página.

Antes de irnos del parque, paramos en el centro para visitantes Ernest F. Coe. Allí aprendí que el ecosistema del parque está en peligro. Fuera del parque, el agua que normalmente llegaría al parque por los ríos se ha usado para proporcionar agua potable a las personas, la irrigación y el control de inundaciones. A menudo, se usa demasiada agua. En 1996, el gobierno compró 50,000 acres de tierra al lado del parque, y está intentando restaurar el flujo natural del agua hasta el "mar de hierba". Espero poder visitar los Everglades otra vez.